Nacht Schatten Träume

MELANIE STROHMAIER

Nachtschattenträume

© 2022 Melanie Strohmaier

Siedlerweg 14
83088 Kiefersfelden
Deutschland

melanie@strohmaier.com.de

Cover & Foto: © Melanie Strohmaier
Layout: © Melanie Strohmaier
Fotografie & Illustrationen: Melanie Strohmaier
Korrektorat: Melina Coniglio

ISBN: 978-3-00-072124-3
Imprint: Independently published

First Edition
via Kindle Direct Publishing
Printed and bound: Amazon KDP

Bibliografische Information der Deutschen Nationalbibliothek:
Die Deutsche Nationalbibliothek verzeichnet diese Publikation in der Deutschen Nationalbibliografie; detaillierte bibliografische Daten sind im Internet über http://dnb.dnb.de abrufbar.

Ich weiß nicht, wie viele Worte ich noch für dich aus meinen Gedanken träume

– doch noch flüstern deine Geister und ich höre zu

I.

ALPHA & OMEGA

Ich habe immer versucht, diese längst vergangenen Nächte in
Worte zu hüllen. Aber keine Metapher scheint richtig, kein Satz gut
genug. Ich habe den Drang, Erinnerungen unsterblich zu machen,
die meine Seele berühren.

Aber für dich, mein Liebling, verstummt meine Lyrik.

Meine Stimme bricht, wenn ich deinen Namen flüstere, und meine
Hände zittern, wenn ich versuche, meine Gefühle in Sätze zu
fassen. Du bist alles, was ich nicht beschreiben kann. Du bist alles,
von dem ich niemals aufhören werde zu träumen.

*Aber was wird aus den Träumen, wenn der Träumer langsam deinen Namen
vergisst?*

ZEIT

Die Zeit war nie auf unserer Seite. Eine trügerische Hoffnung, die in uns aufflammte – gefährlich wie ein Tropfen Öl in der Flamme.

Erwachsenwerden ist erschreckender, als ich dachte.

Ich wünsche mir die Zeit zurück, in der die Tage noch kleine Ewigkeiten waren – vollkommen und unbeschwert. Leicht wie die durchsichtigen Flügel einer Libelle. Wenn man jung ist, denkt man, nichts und niemand könne einem etwas anhaben. Die Welt läge vor einem und die Tage würden niemals enden. Die Sommer waren voller Magie – zogen sich wie zähflüssiger Honig. Eine Fingerspitze davon genügte, damit wir alles um uns herum vergaßen. Die schwere Süße auf unseren Lippen war alles, was wir brauchten.

Bis wir irgendwann aus unserem Traum aufwachten und merkten, dass jeder Tag schneller davonrennt als der vorherige.

Zeit hat eine eigenartige Konsistenz. Sie verändert ihre Beschaffenheit wie die Wolken am Himmel ihre Form. Und mit jedem weiteren Jahr fühlen wir die verlorene Zeit wie Küsse von Nachtschatten.

Wie der Honig auf unserer Zunge geschmeckt hat, ist nur noch eine ferne Erinnerung, die weiter verblasst.

BLAU

Der Lärm um mich herum ist ohrenbetäubend, und ich muss mich mit aller Kraft konzentrieren, um mich nicht irgendwo zu verlieren – *in den Worten von Fremden, im lauten Gelächter. In hellen Lichtern und Fragen, die nicht an mich gerichtet sind. In einer Welt, die sonst niemand sieht.*

Die Schatten hatten schon immer eine unheimliche Anziehungskraft auf mich. Die Wärme nimmt zu – die Hitze bringt meine Wangen zum Glühen, doch ich verstecke meine zitternden Hände in den Taschen meines Mantels. Im Hintergrund flüstert Musik, verzerrt – fernes Wellenrauschen der Realität. Ich lausche, blinzele, bringe meine Gedanken wieder in Ordnung.

Wie lange werde ich dieses Mal durchhalten? Obwohl sich mein Kopf leer anfühlt, als hätte dort ein Waldbrand getobt, drängt sich ein Name in mein Gedächtnis.

Und während alle Geräusche zu einem verschmelzen, versinke ich im Surren, das langsam zu einem Flüstern wird. Eine Sehnsucht, die aus den Tiefen meines Herzens kommt. Auch wenn das Gefühl niemals den Lärm übertönen wird, kann ich es so deutlich hören wie den Donner am Horizont.

Deine Augen haben eine Nuance von Blau, die ich noch nie gesehen habe. Und ich frage mich, wie sich der Farbton an einem kalten Herbstmorgen verändern würde, wenn du mir zum ersten Mal gegenüberstehst.

Vielleicht würde ich ihm den schönsten Namen geben.

OKTOBER

Ich hatte fast vergessen, wie sehr ich den Duft kalter Herbstluft liebe – *ein Hauch von Rauch und Zerfall.*

Ich verliere mich für einige Momente zu lang in dem Anblick des Himmels, um nach den Resten des halbvergessenen Traumes zu suchen, der seit dem Aufwachen an meiner Seele zupft – festhängt wie an klebrigen Fäden eines Spinnennetzes. Die Sonne bricht durch anthrazitfarbene Wolken – fließt um kahle Äste in Bändern aus flüssigem Gold.

Letzten Herbst habe ich etwas an jemanden verloren.

Meine Finger werden taub – ich kann die Worte kaum aufschreiben, die so schwer auf meinem Herzen liegen.

Ich spüre die Überreste eines Gefühls im Wind über meine Haut kratzen wie ein gebrochenes Versprechen.

Doch zum ersten Mal, seit du beschlossen hast, mich zu vergessen, fühlt es sich nicht wie Ertrinken an …

… wenn ich ein leises »Auf Wiedersehen« flüstere.

NAMEN

»Jetzt ist die Zeit gekommen, mein alter Freund …«, flüsterte das Mädchen. Fast singend – ein Wiegenlied in einer Sprache, die nur die Dunkelheit verstand.

Das Monster verbarg sich wie ein tödliches Raubtier – lauerte und wartete auf den richtigen Moment.

Hast du mich vermisst?, fragte die vertraute Stimme in ihrem Kopf. Verführerisch wie ein Geliebter – nahm ihr die Angst und unterdrückte jeden Zweifel.

Du weißt, dies ist dein Ende. Ich fürchte mich nicht vor einem kleinen Mädchen, das seinen Namen schon vor Jahrhunderten vergessen hat.

Das Mädchen kam näher, summte eine Melodie, als wollte es das Monster in den Schlaf singen. Ihr Herz eine Spieluhr, die in ihrer Brust ruhte – unwiderruflich zerbrochen. Sie lächelte sehnsuchtsvoll, und ihre Schönheit ließ sogar das Monster erzittern.

»Ich habe vielleicht vor langer Zeit meinen Namen in dem Traum eines Fremden verloren, aber, mein Liebling …«, flüsterte sie.

Plötzlich war das Monster um sie herum – hüllte das Mädchen in einen Schwarm schwarzer Bienen, geräuschlos. Küsste sie mit Verlangen, berührte sie mit Schatten, begrub sie in der Dunkelheit.

Raubte jede ihrer Erinnerungen.

Aber sie fühlte keinen Schmerz, als die letzten Worte ihre Lippen verließen wie ein kalter Windhauch.

»… *ich erinnere mich noch immer an deinen.*«

OBSIDIAN NÄCHTE

Die Nacht ist splitternd kalt
Ein Hauch von verbranntem Holz
liegt in der Luft, vermischt mit
dem Parfüm des Fremden,
der für einige Zeit
vor mir gelaufen ist

Ich bleibe auf der Brücke stehen
Der Nebel hängt über dem Wasser
wie Spinnweben, die im Wind flattern
Mein Atem verlässt meine Lungen
als weißer Dunst, während ich
den Sternenhimmel betrachte
wie etwas, das ich verloren habe

Ich habe dieselben Konstellationen
an demselben Ort im August betrachtet,
als du sagtest, ich wäre das Letzte, woran du denkst,
bevor du in deinen Träumen versinkst

Einer der Planeten leuchtet in einem intensiven Rot
– ein funkelnder Tropfen Blut auf Obsidian

Welch Ironie, denke ich,
als die Sterne hinter meinen Tränen
zu einem goldenen Meer verschmelzen.

KALEIDOSKOP

E war mein größter Fehler, mich zu tief in dir zu verlieren. Dennoch konnte ich nichts dagegen tun. Ich fiel für dich, ohne es zu bemerken. Wie ein Blinder, der nach einem Wunder tastet, es aber niemals zu sehen bekommt. Deine Worte hallen in mir wider wie Echos in einer heruntergebrannten Kathedrale.

Ist es nicht wundervoll, mich in den Ruinen tanzen zu sehen?

Splitter der Buntglasfenster unter meinen nackten Füßen. Glitzernde Partikel in der Luft. Doch das Knirschen vertreibt deine Stimme nicht aus meinem Kopf. Du hast nichts als Stille hinterlassen – eine Hymne für mein Ende. *Die Magie ist ein grausames Geschenk.* Und ich weiß jetzt, dass der Preis zu hoch war, als dass es die guten Momente jemals aufwiegen könnte. Ich weiß nicht, wie ich dich vergessen könnte – *du lässt mich einfach nicht los.*

Du gehst. Einfach. Nicht.

Und ich frage mich, ob diese Worte alles nur Lügen waren oder lediglich schön verpackte Versprechen, die du niemals vorhattest einzuhalten. Ich singe deinen Namen in hundert verschiedenen Stimmen und vergesse dabei, dass du es warst, der das Feuer gelegt hat. Obwohl du wusstest, dass ich noch immer durch deinen Traum wandelte.

Ich denke, die Stille flüstert nun die lautesten Wahrheiten …

… Und ich lausche – mit angehaltenem Atem, während eine meiner Tränen auf dem Boden aufschlägt und die Welten zerbersten lässt.

WÖRTERDIEB

Du überlagerst meine Gedanken – rinnst wie schwarzes Öl über meine Farben. Radierst alle Worte aus, die ich für meine Erinnerungen benötige, als würdest du mich daran hindern wollen, dich unsterblich zu machen. Doch egal, wie sehr du dich durch meine Leere ätzt, ich werde immer einen Weg finden, um dich Stück für Stück in Worte zu bannen. Du bist mein persönlicher Dämon, den ich mit meiner Art von Magie bekämpfe, bis irgendwann all deine Rückstände von meinem Herzen verschwunden sind.

FEHLER

Du hast meinen Namen ausradiert, als wäre ich nichts weiter als ein
falsch gesetzter Pinselstrich, den du loswerden wolltest, als du eine
neue Seite in deinem Buch aufgeschlagen hast. Worte sind
letztendlich nichts weiter als aneinandergereihte Buchstaben. Ich
war niemals wichtig in deiner Geschichte. Meine Tinte war niemals
wasserfest. Und es war so unglaublich leicht für dich, das Glas
Wasser umzustoßen.

LETZTER AUGUST

Ich erinnere mich an die Nacht, in der Sternschnuppen
wie sterbende Glühwürmchen vom Himmel fielen
Funken von Magie erhellten die Dunkelheit,
während wir uns seit Stunden unterhielten

Deine Worte waren nie richtig bei mir,
deine Stimme eine ferne Erinnerung,
Welten zwischen uns, und dennoch
existierte in diesem Moment keine Distanz

Ich habe dir nie erzählt, dass ich drei Wünsche
für dich verbraucht habe, weil du Glück damals
so viel dringender gebraucht hast als ich

Ich weiß, jeder einzelne von ihnen wurde wahr
Das Einzige, das ich mir selbst gewünscht hatte
– *nicht*

Der Wunsch verschwand zusammen mit dir und kam nie wieder.

GEBRANDMARKT

Ich erinnere mich noch daran,
welchen Song ich hörte,
als die Welt um mich herum
unter Schichten deiner Worte
still wurde

Ich weiß noch, wie das Wetter war,
wie ich mich fühlte und wie ich wünschte,
dieser Moment würde niemals vergehen
Ich prägte mir so viele Details von dir ein,
dass ich ein ganzes Buch hätte füllen können

Das tat ich

Aber dann erinnere ich mich daran,
dass ich deine Geschichte
schon lange vor unserer Begegnung
geschrieben habe

Deshalb wusste ich auch immer,
wie bittersüß wir enden würden
und dass es nie das Ende war.

SPUREN

Wie konntest du solch tiefe Spuren auf mir hinterlassen, ohne mich je zu berühren?

Wir sind Fremde, die durch denselben Traum wandeln, sich aber nie begegnen. Wir wissen nicht, wonach wir suchen, aber die Sehnsucht zerreißt uns. Hinterlasse ich auch Spuren auf deiner Seele? Fühlst du die Veränderung in dir, als wäre meine Frequenz in deine Seele geätzt worden? Du erinnerst dich nicht an meinen Namen. Aber ich erinnere mich an dein Gefühl und wie es war, die Fäden zu knüpfen, die aus Rauch und Nacht bestanden. Ich werde sie in jedem Traum hinterlassen, damit sie sich um deine Seele wickeln.

Und vielleicht werden wir eines Tages in verschiedenen Welten aufwachen – *aber mit einem Namen auf unseren Lippen.*

WÄCHTER

Die Leere, die du hinterlassen hast, zieht sich durch meine Seele wie haarfeine Risse auf einem Wintersee. Ich war nur ein Stück Pergament, das dir deinen Schmerz abgenommen hat – *Wort für Wort.* Doch nun schreit deine Stille in meinem Kopf, als würde ein Gewitter durch die Hallen einer Kathedrale wüten.

Ich vermisse deine Stimme auf eine Weise, wie ich die Sterne vermissen würde, wenn ich sie niemals wiedersehen dürfte. Ich vermisse den Geschmack der Wörter, die du in meine Lungen gehaucht hast, ohne je meine Lippen zu berühren.

Der Schmerz hat eine dumpfe Taubheit angenommen, die fast erträglich ist. Als wäre ich unter Wasser – die verschwommene Oberfläche durchblickend, ein milchiges Glas voller Nebel.

Ich vermisse dich – *träumend.*

Wenn ich Melancholie eine Farbe geben müsste, würde ich deinen Namen nennen. Du warst für mich immer wunderschön – auf die Weise, wie zerbrochene Dinge schön sind. Blut auf Schnee oder das tiefe Schwarz einer Belladonna.

Deine Lügen erzähltest du mit einer tödlichen Sanftheit, süßer als verbrannter Zucker jemals schmecken könnte – dennoch würde ich sie jeder Zeit wieder gierig von deinen Lippen lecken.

Schlaf gut, mein Wörterdieb. Schlaf tief und traumlos.

Vielleicht werden wir uns wiedersehen – 3:33 Uhr –, wenn dein Herzschlag in einer anderen Welt pocht. Dich erinnernd, dass ich noch immer in deinen Träumen wach bin – deine Dämonen bekämpfend, damit du niemals wieder Angst haben musst.

NAMENLOS

»Doch du hast keinen Namen mehr. Ich habe diesen Traum
weggesperrt, an einen dunklen Ort. Aber die Nächte sind nie
vollkommen dunkel – sie bestehen aus unzähligen Schattierungen
von Grau. Und ich lächele, weil du genau das für mich bist.«

Du hast keine Narben hinterlassen – du schlugst Abgründe,
fülltest sie mit glitzernden Erinnerungen und Versprechen
– dennoch ist es nichts weiter als ein sternenloser Ozean,
in dem ich mich ertränkte, um dir nah zu sein.

WETTER

Du warst unbeständig wie das Wetter, Liebling, obwohl du mein Fels in der Brandung sein wolltest. Erinnerst du dich daran, wie du sagtest, du würdest hoffen, dass wir uns auch in der nächsten Welt begegnen, falls diese hier nicht genug ist? Und dennoch sitze ich in den Scherben deiner Worte und frage mich, ob du vielleicht nie der beständige Fels warst, der für mich da war – *sondern einfach nur das Objekt, an dem ich zerbrochen bin.*

ZURÜCKNEHMEN

Manchmal frage ich mich, ob du die Dinge, die du mir zu sagtest,
zurücknehmen würdest, wenn du könntest.

Ich werde nie verstehen, wie du gehen konntest, *ohne wirklich zu
gehen*. Vielleicht waren wir nichts weiter als Geister, die sich in
demselben Traum begegneten, danach aber nie wieder den Weg
zurück nach Hause fanden.

VOLLMOND

Der Vollmond scheint so hell,
dass sein Licht die Welt
in einen Schleier aus Blau hüllt

Nicht die Nuance Blau, die deine müden Augen färbt

Die Schatten leuchten
wie Geister der Erinnerungen,
die ich nicht halten konnte
Aber anstatt danach zu greifen,
verliere ich mich selbst
in der endlosen Tiefe
deiner Träume

Doch dort habe ich mich nie wacher gefühlt

Die Konturen zerfließen
in Schattierungen von Blaubeerschwarz
und Graphitgrau
wie Tinte auf nassem Papier

Aber alles, woran ich denken kann, ist,
dass ich mich nicht mehr an deine Stimme erinnern kann
und wie du diese letzten Worte
von meinen Lippen geküsst hast

Nicht jede Nacht ist schwarz
Nicht jeder Traum ist leer

Aber ich bin beides.

RAUSCHEN

Der Mond scheint
im reinsten Gold,
aber ich weiß,
es ist nur ein Traum

Versteckt hinter einem rauchigen Schleier,
der in einen Hauch von Rot getaucht ist
wie Blut, das mit Wasser vermischt wurde

Blitze leuchten in der Ferne auf,
aber in der Luft liegt nur ein leises Rauschen,
das meine Gedanken beruhigt wie ein Schlaflied

Und ich wundere mich, ob du in deinen Träumen
auch meinen Namen flüsterst.

HALFSLEEPER

Und ich sinke
halb
in einen Traum
Wissend, es ist
nicht meiner

Aber oh,
diese Dunkelheit
ist allzu süß

Ich habe keine Angst,
weil ich weiß,
es muss deine sein
Und ich fürchte dich nicht
im Geringsten

Ich schließe meine Augen
und schlafe in deinen Träumen
besser als in meinen eigenen.

PRISMA

Es zerbrach dich
in tausend Fragmente
aus Licht

Dein Staub
schimmert in jeder Farbe
des Regenbogens

Ist es grausam zu sagen,
dass ich deine Dunkelheit liebe?

Dein Licht ist wunderschön,
aber deine Schatten
rauben mir den Atem.

ARMAGEDDON

Wenn die Welt heute enden würde,
würde ich hier auf dich warten.
Die Minuten zählend,
bis zum bitteren Ende.

Finde mich.

In der blutroten Stille der Dämmerung.
In den Sekunden,
bevor wir kollidieren.

Wärst du dort?

Ich würde es lieben, neben dir zu sitzen,
meinen Kopf an deiner Schulter.
Lächelnd zusehen, während die Welt
in Flammen aufgeht.

Keine Worte wären nötig.

FARBENBLIND

Monochrome Vergessenheit,
ausgeblichene Linien,
ein Ort jenseits der Zeit
Ich spüre etwas an meiner Seele zupfen,
deine gewohnte Dunkelheit

Albtraum getränkte Nicht-Stille
Ich folge deiner leeren Stimme,
doch deine Worte führen mich
in endlos verworrene Irre

Und so wandere ich auf diesen Pfaden,
sie sind alle gleich
Graue Schatten tasten,
ihre Klauen sind samtweich

Körniger Anthrazit-Himmel
Kohlestaub und eisiger Nebel
Ich atme ein und ertaste traumsehend
Erinnerungen eines lang vergangenen Lebens

Träume ich oder bin ich hellwach?
Ich bin nie sicher, aber dennoch bedacht,
mich nicht in deinem Wiegenlied zu verlieren,
das meine Erinnerungen löscht, in honiggetränkter Nacht.

SCHLAFWANDLER

Ich fühle mich wie in dem flüchtigen Moment zwischen wach und schlafend – nicht wissend, ob ich wirklich hier bin. Monochrome Leere durchströmt mich und ertränkt mich von innen, während Momente der Realität ferne Echos in meiner Peripherie sind.

INSOMNIA

Mit Regen in den Venen
und Donner im Herzen
wandern meine Gedanken
durch eine endlose Nacht

Mit Salz in den Augen
und Sehnsucht auf den Lippen
verlasse ich meine eigenen Träume,
um nach dem Schlüssel zu suchen,
der in deinen Geheimnissen ruht

Albträume waren schon immer
meine süßeste Obsession.

3:33

Wohin geht deine Seele,
wenn du am Boden liegst?
3 Uhr morgens
– an die Decke starrend
Augenlider schwer wie Blei,
aber dennoch hellwach

Wohin wandert dein Geist,
wenn du zu erschöpft bist,
um einzuschlafen?
3 Uhr morgens
– in den Kohle-Himmel blickend
Mit geschlossenen Augen,
aber dennoch sehend

Wohin fließen deine Gedanken,
wenn die Stille lauter ist als Donner?
Fühlst du dich leer?
3 Uhr morgens
– wenn jeder außer dir schläft
und die Schatten über deine
mondlichtblasse Haut kriechen

Wohin wandelt dein Herz,
wenn Albträume dich heimsuchen?
Jede Nacht und jeden Tag
3 Uhr morgens
– langsam die staubgetränkte
Dunkelheit einatmend,
während du deine Dämonen anstarrst
– aber niemand starrt zurück.

MORGENSTERN

Ich habe mich in deine
Mondlichthaut verliebt
und in die Zeilen von Blau,
die unter der durscheinenden Haut
deiner Arme fließen

Ich liebe es, den Linien mit meinen Fingerspitzen zu folgen

Ich habe mich in deine
schwarzen Kosmos-Augen verliebt,
die sich in einen helleren Ton
von Regenwolken verwandeln,
wenn ich dich anlächele

Ich liebe es, deinen Farben schönere Namen zu geben

Ich habe mich in
deine Porzellan-Lippen verliebt,
die manchmal so verzweifelt
mit meinen kollidieren,
als würdest du nach Luft ringen

Ich liebe es, mir vorzustellen, dass ich dein Sauerstoff bin

Ich habe mich in
deine Albträume verliebt,
die dich jede Nacht
und jeden Tag heimsuchen,
wie sie solch dunkelblaue Ringe
unter deine Augen malen

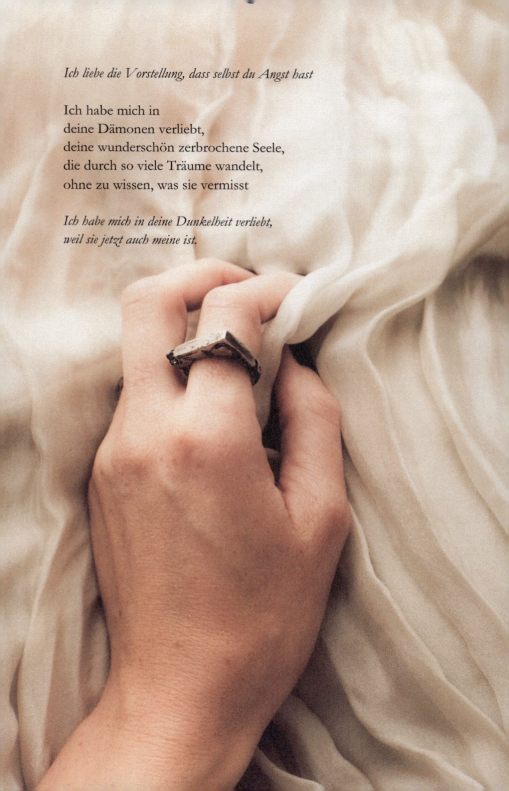

Ich liebe die Vorstellung, dass selbst du Angst hast

Ich habe mich in
deine Dämonen verliebt,
deine wunderschön zerbrochene Seele,
die durch so viele Träume wandelt,
ohne zu wissen, was sie vermisst

Ich habe mich in deine Dunkelheit verliebt,
weil sie jetzt auch meine ist.

KONSTELLATIONEN

Heute habe ich darauf gewartet,
dass die Dunkelheit mich vollständig verschlingt,
weil ich mich an das Gefühl deiner Umarmung
erinnern wollte

Die Luft ist papierdünn,
getränkt in Sommernachtsträume,
sodass die Welten
nahezu kollidieren

Aber wir sehen die Risse nicht,
die sich von Stern zu Stern ziehen
Die Realität blutet aus
Fragilität in Perfektion

Ich wünschte, du wärst hier,
um mir die Namen aller Konstellationen
zu verraten

Aber ich erinnere mich daran,
wie du sagtest,
du liebst tintenschwarze Nächte
so viel mehr

Ich entschied mich, dir nicht zu sagen,
wie sehr ich deine Haut im
blauschimmernden Mondlicht liebe

Weil Nacht die Farbe ist,
die dir am besten steht.

MITTERNACHTSGEDANKEN

Ich hätte nie gedacht,
dass jemandes Worte so schwer
auf meiner Brust lasten könnten,
dass ich nicht mehr atmen kann

Heute schere ich mich nicht um die Farben des Himmels

Wir haben uns verändert
zwischen den Zeilen
In den Sekunden,
in denen niemand
ein Wort sagte

Der Sturm verschlingt mich

Ich habe mich noch nie so verloren gefühlt
und ich wünschte, ich könnte alles herausschreien
Mein Leid dem Nachthimmel klagen,
weil ich nicht weiß, wie ich diesen Traum verlassen kann

Aber in mir ist nur noch Stille.

TRAUM

Alles ist in weißen Opal getaucht. Schnee bedeckt die Erde – die Luft ist eiskalt. Es fühlt sich an, als würde ich feine Nadeln einatmen. Doch plötzlich – *ein Zwinkern.*

Alles verändert sich.
Metamorphose eines Traums.
Die Stille ist nicht länger leer.

Du stehst vor mir. Deine Augen schimmern wie Glas, als würdest du an diesem Moment genauso sehr zweifeln wie ich. Purer Smaragd in all dem Weiß.

Wie kann ein Traum klarer sein als die Realität?

Aschegleiche Flocken in deinem Sandelholz-Haar, deine Wangen sind von der Kälte gerötet. Ich erkenne eine Spur von Blut auf deinen rissigen Lippen. Und ich schwöre, ich habe noch nie etwas Schöneres gesehen. Aber das erste Licht des Tages wird dich mir wegnehmen.

Noch nie habe ich Aufwachen mehr gehasst.

MONSTER

Du bist das scharfkantige Geheimnis,
das ich zwischen meinen Rippen verstecke,
weil du all das bist,
was ich am meisten fürchte

Der Himmel brennt heute
in blauen und pinken Flammen

Aber ich weiß bereits,
dass die Monster in meinen Träumen
meinen Namen rufen werden

Wie können Wolken wie Watte
und Wellen gleichzeitig aussehen?

WÄNDE

Die Wände
waren heute hoch
und viel zu nah
Ich wünschte, ich könnte
sie niederreißen
und mich selbst
unter deinen Fragmenten
begraben

Ich wünschte, ich könnte
meine Augen schließen,
ohne dein Gesicht zu sehen,
das ich nie wirklich sah
und doch Hunderte Male
in meinen Träumen malte

Und ich wünschte, ich könnte
diese Gefühle ausbluten,
weil ich Atmen nicht ertragen kann,
ohne Tausende Male zu ertrinken
Du bist wie Wasser in meinen Lungen

An manchen Tagen
kann ich mich nicht entscheiden,
ob ich lieber einatmen,
mich selbst in meinen Tagträumen verlieren
oder durch einen Rosengarten wandern möchte,
der nicht meiner ist.

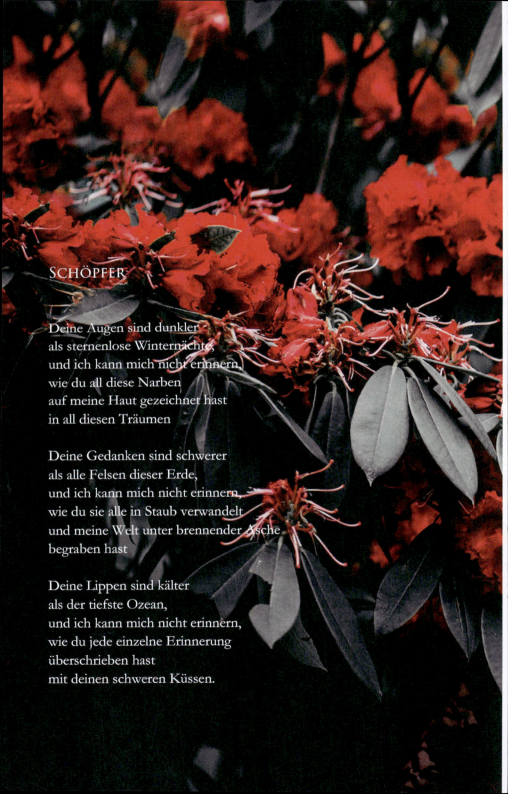

SCHÖPFER

Deine Augen sind dunkler
als sternenlose Winternächte,
und ich kann mich nicht erinnern,
wie du all diese Narben
auf meine Haut gezeichnet hast
in all diesen Träumen

Deine Gedanken sind schwerer
als alle Felsen dieser Erde,
und ich kann mich nicht erinnern,
wie du sie alle in Staub verwandelt
und meine Welt unter brennender Asche
begraben hast

Deine Lippen sind kälter
als der tiefste Ozean,
und ich kann mich nicht erinnern,
wie du jede einzelne Erinnerung
überschrieben hast
mit deinen schweren Küssen.

DU

Und als ich in den Himmel blicke – *die Luft zu warm, um Schlaf zu finden* –, zerdenke ich meine Gefühle in winzig kleine Stücke. Auf der linken Seite des Himmels tobt ein leises Gewitter, und es fühlt sich an, als wäre ich nicht wirklich hier.

Oder das Gewitter ist nicht wirklich hier, wer weiß das schon?

Es ist vollkommen still, kein Donner, kein Wind. Nur Blitze durchleuchten die ohnehin mondhelle Nacht. Tief in Gedanken versunken kommt mich das Glühwürmchen von letzter Nacht besuchen, als würde es mich an die Realität erinnern wollen.

Ich dachte, Glühwürmchen wären längst ausgestorben und das hier wäre nur der vage Geist einer nostalgischen Erinnerung. Doch besuchen einen Geister ein zweites Mal?

Ich bin so fasziniert von den mondlichtschimmernden Wolken und dem kleinen Stern, der auf meiner Hand leuchtet, dass ich nicht mehr unterscheiden kann, ob sich die Sterne bewegen oder zwischen den Lücken im pechschwarzen Meer stillstehen.

Sind die Wolken lediglich fluoreszierende Monster?

Und ich frage mich, ob dies immer noch derselbe Himmel ist, unter dem du mir letzten Sommer gesagt hast, ich wäre dein letzter Gedanke, bevor du einschläfst.

Ich zweifele.

An den Sternen und der Realität. Die Stimme, die aus meinen Kopfhören dringt, singt von Glühwürmchen und Abschieden. Ich lächele und denke an die Sternschnuppe, von der du mir damals erzählt hast. Daran, wie ich dir gesagt habe, du musst dir etwas wünschen, weil es so das Gesetz will. Ich lächele.

Riss in der Zeit.

Der Himmel ist nicht mehr derselbe, als eine Sternschnuppe zwischen zwei Wolken aufblitzt.

Einstürzende Realitäten.

Ich höre deine Versprechen brechen, selbst über Welten hinweg – ein Schlaflied, das du für mein Ende geschrieben, es aber nie mit deiner eigenen Stimme gesungen hast. Dann zerbreche ich und weine das, was das stumme Gewitter nicht tut, von meiner Seele. Ich warte so lange, bis der Song die Erinnerung an dich beendet. Doch anstatt mich zu erlösen, ertrinke ich in einer Welle aus unbeantworteten Fragen.

Ich hatte vor, nicht mehr an Magie zu glauben, aber solche Nächte machen es mir unheimlich schwer.

MONDLICHTLÜGEN

Ich habe nicht bemerkt,
wie die Nacht in den Tag floss,
sich etwas dazwischen mischte
und mich für dich veränderte

Wurde ich zu deinem gefürchtetsten Dämon?

Ich vermisse die Nächte,
in denen wir Gefühle streuten
wie Mondstaub,
als du mich noch vermisst hast
und ich noch ganz war

In deiner Nähe vergaß ich, dass ich es niemals gewesen bin

Distanzen überwinden
war niemals deine Absicht
Deine Tageslichtversprechen
verwandelten sich in Mondlichtlügen,
und nun kann ich nicht mehr aufhören,
zu zerstreuen, zu verblassen
Mich aufzulösen

Zerbrochene Dinge funkeln am meisten

Einst hielt ich Welten von dir
Jetzt ist alles, was du für mich warst,
unter Ruinen begraben.

GOLDEN

Verbrannter Zimt liegt in der Luft
Ein unerfülltes Versprechen
haucht über meine Lippen
Ich fühle dich
zwischen meinen Herzschlägen,
unter meiner Haut
Ich erschaudere
sehnsuchtsvoll,
als die Magie
nach so langer Zeit
im Verborgenen
neue Fäden knüpft
Sternschnuppenregen,
dein Geschenk an mich
Geister vertreibend,
neue Versprechen webend
Doch ehe ich deinen Namen
flüstern kann,
bist du verschwunden
Aber ich werde niemals
aufhören zu warten
Denn, Liebling, Zeit
hat für uns keinerlei Bedeutung
Und ich lächele,
während die Welt
in goldenen Sternen versinkt.

PARFÜM

Der Duft, den du auf meiner Haut hinterlassen hast, ist schwer –
bittersüß wie Pfingstrosen auf der Schwelle zum Verfall. *Vermischt
mit dem Geruch brennender Versprechen und dem Atem einer kalten
Winternacht.* Du trägst deine Dunkelheit wie dein liebstes Parfüm.
Ich küsse den Rauch von deinen Lippen – den letzten Hauch eines
Gefühls, das Liebe hätte sein können. Wenn wir gewollt hätten.
Wenn du gewollt hättest. Aber du hast nie ein Wort gesagt, und ich
habe nie gewagt zu fragen. *Monster lieben niemanden.* In diesem
Moment habe ich nie weniger und nie mehr gefühlt. *Ich glaube, in
dieser Nacht habe ich mich in alles verliebt, was tödlich ist.*

FLÜSTERN

Die Stille der Nacht liegt in samtschweren Schichten über den leeren Straßen und raubt mir den Atem. Die Wolken hängen in Fetzen über den Gipfeln der nahegelegenen Berge – *fluoreszierend, schimmernd, mondlichtreflektierend.*

Ich habe ihnen niemals von deiner Dunkelheit erzählt.

Dein verzweifelter Versuch, dich mit den gewöhnlichsten Dingen selbst zu verletzen, ist ein Geheimnis, das nur mir gehört. Deine Selbstzerstörung ist reine Perfektion, in der fast schon so etwas wie Schönheit liegt. Stundenlanges Sitzen auf dem Dach, im strömenden Regen. Bis du nicht einmal mehr zitterst und der Schmerz taub von der Kälte ist. Leere ist deine einzige Erlösung. *Du ahnst nicht, dass du meine bist.* Und ich frage mich, ob du auch manchmal meinen Namen flüsterst, aber ihn nie laut aussprichst. Aus Angst, an jedem Buchstaben zu ersticken. *Vergessen werden war nie unerträglicher. Sind wir nicht alle nur Namen unter all den anderen? Zusammengesetzte Buchstaben, die irgendwann vergessen werden?* Vermissen war nie obsessiver. Langsam verliere ich dich an die Nacht. Ich erzittere bei dem Gedanken, wie dumm es war zu denken, du würdest jemand anderem als der Dunkelheit gehören. Und ich ertrinke in dem Echo, das du hinterlässt. Deine Schatten hallen in mir wider und ziehen mich in einen Traum. *Deinen Traum.*

Wir wissen beide, dass die Tür von Anfang an unser Ende bedeutet hat.

PAPIERSCHNITT

Es schmerzt mehr als es sollte,
aus deinen Erinnerungen zu verschwinden
Wie ein Gedicht, das du vor langer Zeit gelesen hast
und dessen Worte nun in deinem Gedächtnis verblassen

Dein Name wird immer auf meine Seele graviert sein
Die rastlosen Gedanken, die du mit mir geteilt hast,
sind wie Tinte unter meiner Haut

Ich mag die Vorstellung,
dass ich das Papier war,
auf das du geblutet hast.

UNSICHTBAR

Der Bass um mich herum ist so laut, dass ich meinen eigenen Herzschlag nicht mehr spüren kann. Ich fühle mich, als wäre ich in einem seltsamen Traumzustand gefangen.

Vielleicht ist es wegen dem Alkohol oder der Umgebung – all das rostige Metall und der schwere graue Stein um mich herum.

Auf gewisse Weise ist es düster und bedrückend, wären da nicht die blitzenden Neonlichter, die in scharfen Strahlen durch die Dunkelheit schneiden. Vielleicht ist es wegen den Menschenmassen, die mich wahrscheinlich nicht einmal bemerken – mich ansehen und im selben Moment wieder vergessen.

Die Anonymität der Nacht ist alles, was ich brauche.

Lüge. Fast alles.

Die Hitze brennt auf meiner Haut, aber ich genieße das Gefühl vollkommen. Die Dunkelheit, die grellen Neonlichter, der rauchige Nebel, der über den Betonboden wabert wie dichte Wattefetzen. Körper, die sich an meinen pressen. Der Schweiß auf meiner Haut, die unerträgliche Sehnsucht in meiner Brust. Das pochende Blut in meinen Venen. Mein Herz rast, pulsiert, als stände es kurz vorm Zerbersten. Wie in Trance bewege ich mich zu der Melodie und während ich alles um mich herum vergesse, *werde ich unsichtbar.*

Plötzlich fühle ich deine Präsenz wie Elektroschocks auf meiner Haut. Ein Funke Magie bricht durch die Realität.

Regen ist alles, was ich will. Lass uns zusammen in Flammen aufgehen.

Doch als ich meine Lippen öffne, erstickst du meine Liebe mit deinen schweren Küssen.

TRAUMWANDLER

Ich hoffe, unsere Seelen
treffen sich wieder
unter dem Mondlicht
des dunkelsten Himmels

Ich werde warten,
in meinen Träumen,
wo ich immer
wach bin.

BITTERSÜß

Wie bittersüß es ist
zu wissen, dass manche Träume
mehr wahr sind als die Realität,
aber sie für immer
außer Reichweite sind

Ist es grausames Schicksal? Oder simple Ironie?

Ich war immer ein Perfektionist
in Dinge verstecken
und Geheimnisse bewahren

Es war mir immer egal,
ob ich an meinen eigenen Lügen ersticken würde,
weil ich die Dinge, die ich verstecke,
am meisten liebe

Ich habe mir immer gewünscht,
dass Magie meinen Weg kreuzen würde
Jetzt tue ich so, als wäre ich überzeugt davon,
sie würde nicht existieren

Wie du. Du bist nicht real

Das ist die Last,
die ich nun tragen muss
Mit der Wunde zu leben,
wissend, dass sie niemals
aufhören wird zu bluten

Würdest du bitte das Blut wegküssen?

HIRAETH

Ich schlafe ein mit dem Geräusch von Regen, der mir Geschichten von Leben erzählt, die nicht meine sind.

Ich erinnere mich an deine Worte in Farben, die hinter meinen geschlossenen Augen tanzen. Du malst deine Gefühle mit Worten in meine Gedanken. Ich lese sie in meinen Träumen, strecke meine Hände aus, versuche, sie mit meinen Fingerspitzen zu entziffern – der einzige Weg, wie ich die Sprache verstehen kann.

Ich verliere mich selbst, Wort für Wort. Ich falle auseinander, Tag für Tag. Ich werde transparent wie Nebel in der Morgensonne. Ich habe mich dir hingegeben, ohne es zu bemerken. Du bist mein bestgehütetes Geheimnis, meine größte Angst. Ein Albtraum – nach dem ich mich sehne. Ein Fremder, der mich nie berührt hat – *oh, das hast du. Tiefer als jemals jemand zuvor.*

Deine Stimme ruiniert mich, und es erschüttert mich, dass ich mich in Träumen verirre, die nicht meine sind. Ein Labyrinth, in dem ich alles von mir selbst zurücklasse. Ich fühle es in meinen Knochen – *ich kann nichts dagegen tun.*

Ich dachte, ich wäre stark genug, um dir zu widerstehen, aber meine Gedanken sind so gefüllt mit den glitzernden Fragmenten deiner Worte, dass ich dich unmöglich je wieder vergessen kann. Du hast mich mit deiner Magie verbrannt, mein Schicksal besiegelt. Unsere Linien werden sich niemals überschneiden, und die Grausamkeit dieser Tatsache ist die größte Bürde.

Aber es gibt eine Sache, die mich mit Tränen in den Augen lächeln lässt.

Ich war nicht die Einzige, die sich in die Träume eines Fremden verliebt hat.

ALLEIN

Die Stille in meinem Zimmer ist lauter als meine Gedanken.
Ich kann mich nicht erinnern, wann ich mich in dem Anblick der
nebligen Berge verloren habe. All der graue und weiße Staub erfüllt
meinen Geist wie ein geräuschloses Wiegenlied. Die Uhr tickt
Sekunde für Sekunde – die Zeit scheint endlos entfernt.
Ewigkeiten, die vergehen, während ich die Erinnerung an einen
Namen auf den Lippen trage. Ich fühle mich wie hypnotisiert, und
mein Herz schmerzt nach etwas, das ich niemals haben kann. All
meine Gedanken verblassen mit jedem Ticken. Am Ende des Tages
ist alles, was in mir bleibt, eine Stille und eine Leere, die ganze
Welten verschlingen könnte.

Und ich frage mich, ob ich allein bin oder nur jemanden vermisse, den ich noch
nie berührt habe.

GEHEIMNISSE

Wenn wir uns unterhalten, lausche ich deiner Stimme wie meinem Lieblingslied – *ich könnte dir stundenlang zuhören.* Du hast die Gabe, Dinge mit einer so tiefen Leidenschaft zu erzählen, dass ich nicht anders kann, als dich von ganzem Herzen zu bewundern. Du beschreibst, was du siehst und fühlst, mit einer poetischen Klarheit, als wärst du ein Schriftsteller, der sich seiner eigenen Magie nicht bewusst ist. Gespräche mit dir sind wie eine fesselnde Geschichte, von der ich hoffe, dass sie nie ein Ende findet. Doch langsam spüre ich die Veränderung in uns, die die Zeit leise und unbarmherzig hervorbringt. Du fängst an, Worte zwischen den Zeilen zu verstecken – sie mit Metaphern des Schweigens zu übermalen. Und ich tue dasselbe, denn die Worte liegen mir so schwer auf der Zunge, dass ich Blut schmecke. *Ich weiß, du würdest ersticken, wenn ich sie laut aussprechen würde.* Und du würdest dir lieber auf die Lippen beißen, als die Worte von meinen zu küssen.

Manche Dinge sollen Geheimnisse bleiben.

Aber ich denke, was wir verbergen …
… ist dasselbe.

NEON

Die Neonlichter brennen in meinen Augen in rosafarbenen und blauen Flammen – dennoch habe ich noch nie etwas Schöneres gesehen als dein Gesicht in den Nuancen der nächtlichen Stadt.

Die Stadt ist still, während ich in dem Klang deiner Stimme ertrinke. Du bleibst vor einem großen Schaufenster stehen.

Deine Schatten sind in Neonblau gemalt, und als ich versuche zu erkennen, was du hinter dem Glas siehst, beginnt dein Spiegelbild zu lächeln.

»Blau ist meine Lieblingsfarbe …«, flüstere ich wirr, während du näherkommst, aber weiterhin auf dein traumbildgleiches Spiegelbild starrst. Als würdest du etwas sehen, das ich nicht wahrnehmen kann.

»Was siehst du?«, fragst du mich neugierig.

»Nur uns«, lüge ich und denke: *Und die leeren Straßen um Mitternacht, aber unsere Spiegelungen wirken verzerrt, als gäbe es eine völlig andere Welt hinter dem Glas. Und wir sind völlig unterschiedliche Menschen. Vielleicht ist er jemand, der mich lieben könnte.*

»Warum hast du gelächelt?«, frage ich stattdessen, mein Geheimnis sorgfältig versteckend.

Du zündest dir eine Zigarette an, und der Geruch des Rauches erfüllt mich mit einer tiefen Nostalgie.

»Weil ich mich an etwas erinnert habe«, antwortest du.

Ich drehe meinen Kopf – ich will dein wahres Gesicht sehen, nicht nur dein Spiegelbild. Der Rauch um dich herum leuchtet wie eine Art radioaktiver Nebel. *Ich kannte dich in einer anderen Welt,* denke ich, aber kein Ton kommt über meine Lippen.

Du siehst mich nachdenklich, aber entschlossen an – schaust mir tief in die Augen, zunächst durch mich hindurch. Doch dann, nach Sekunden, scheinst du klar zu werden und deine Augen erreichen meine Seele und mein Herz.

meiner Seele, dass es sich anfühlt, als würden wir jeden Moment kollidieren.

»Ich habe mich daran erinnert, dass ich mich bereits an dem Tag, als ich dir zum ersten Mal in meinen Träumen begegnet bin, in Neonblau verliebt habe«, antwortest du. »Du hast mir nie deinen Namen verraten, aber ich habe dich sofort in dieser Welt erkannt …«

Ich zittere und spüre eine so verzweifelte Sehnsucht in mir, dass ich nicht einmal mehr atmen kann. Das Einzige, was ich will, sind deine Lippen auf meinen.

Bevor ich antworten kann, legst du deine Arme um mich und hältst mich fest.

»… Und selbst wenn diese Welt stirbt, werde ich dich in der nächsten finden«, flüsterst du. »Ich werde alles niederbrennen, wenn es sein muss …«

Deine Worte bringen die Angst in mir zur Ruhe, als wären sie ein Wiegenlied, das du nur für mich singst. Und als meine Wange an deiner Brust liegt, schließe ich meine Augen.

Doch das Neonlicht verschwindet nicht.

METAPHERN

Ich versuche immer, die schönsten Worte zu finden,
um dich oder das Gefühl, das du hinterlässt, zu beschreiben
In meiner Seele, in den Tiefen meines Herzens
Aber langsam ist mein Wortschatz aufgebraucht,
und kein Gedicht scheint jemals gut genug zu sein

Keine Worte – egal, wie tief
oder wie schön oder wie grausam,
können den Schmerz beschreiben,
wie es sich anfühlt, von dir vergessen zu werden

Und die Welten splitterten,
als du die Nächte mit dir nahmst,
weil sie nicht mehr das sind, was du fürchtest

Kein Satz oder Wiegenlied oder tausend Seiten
können die Leere ausdrücken,
die du in meinen Knochen hinterlassen hast
Ich ritze deinen Namen in Elfenbeinweiß,
während ich mit der Stimme einer ertrinkenden Seele singe,
aber du hast nie auf meine stumme Frage geantwortet

Deine Lippen bleiben stumm, genau wie deine Fingerspitzen.

WIEGENLIED

Ich bin die leise Melodie in deinem Herzen, deren Noten falsch sind. Doch du hast längst vergessen, wie du deine eigene Stimme benutzen kannst, um sie richtig zu singen.

Ich hoffe, mein Echo hallt in deiner Seele wider.
Ich werde der Geist sein, der dich in deinen einsamen Momenten besucht. Wenn du um Mitternacht durch die leeren Straßen gehst, werde ich die flackernden Neonlichter sein, die sich auf dem nassen Asphalt spiegeln. Ich werde der Name auf deinen Lippen sein, wenn niemand zuhört. Ich werde das Wiegenlied im Wind sein, das Erinnerungen an Momente flüstert, die längst vergangen sind – *aber nie vergessen.*

Du wirst meine Stimme vielleicht nicht jedes Mal erkennen, aber du wirst meinen Kuss auf deinen Lippen spüren, wenn dir die Tränen über die Wangen laufen – *ohne zu wissen, warum.*

WIE FARBE AN DEINEN FINGERN

Manchmal frage ich mich,
wann du deine Entscheidung getroffen hast
und wie es war, mich zu vergessen

Ich habe mir viele Möglichkeiten vorgestellt

War es so einfach wie das Ausradieren
einer Zeile aus deinem Notizbuch?
Oder war es eher so, wie die Erinnerung an mich
in eine Kiste zu sperren und sechs Fuß tief zu vergraben?

*Ich frage mich, ob du auch nur eine Sekunde daran gedacht hast, wie ich mich
fühlen würde oder wie sehr ich weinen würde oder wie viele Risse mein Herz
bekommen würde oder ob ich überhaupt gemerkt hätte, was du mit dem Messer
vorhattest, das du hinter deinen schönen Versprechen versteckt hast.
Oh, und sie waren alle so schön.*

Ich frage mich, ob es so schwierig war,
wie Farbe von den Fingern abzuwaschen,
die bereits getrocknet ist?
Oder eher wie das Abziehen der Kruste
einer fast verheilten Wunde?

Hat es vielleicht sogar ein bisschen wehgetan?

Aber, Liebling, meine Seele hat Widerhaken
und meine Erinnerung ist wie Teer auf deiner Haut
Du kannst versuchen, sie abzuwaschen
So oft, bis deine Haut blutig wird

*Nimm lieber Stahlwolle
Aber die Überreste von mir
werden niemals deine Träume verlassen.*

ZEIT

Wir
fließen
aneinander vorbei
Flüsse aus seltsam
gefüllter Zeit

Du ersetzt
alte Erinnerungen
mit neuen,
als ob wir nie
wirklich zählten

War ich nur
ein Lückenfüller
oder eine Betäubung
für deine Einsamkeit?

Ich ersetze meine Leere
mit poetischen Worten,
aber der Schmerz
flammt unter meiner Haut auf
wie tausend brennende Nadeln

Du hast nichts hinterlassen
außer einem Gefühl der Wertlosigkeit
und eine Stille, die lauter ist
als der Donner.

AMNESIE KÜSSE

Du hast mir alle meine geliebten Worte genommen
Meine Lippen zittern, als hätte ich den Text
meines Lieblingsliedes vergessen
Und das ist dasselbe, als hätte ich
alles vergessen, was mich ausmacht

Ich fühle mich wie eine Analphabetin,
die über ihre eigenen Worte stolpert,
wenn ich versuche, die Leere auszudrücken,
die du hinterlassen hast
Synonyme stürmen in meinem Magen umher
wie hungrige Motten

Das Auge eines Hurrikans
ist nichts gegen dein Schweigen
Schön geflüsterte Metaphern
waren schon immer meine größte Schwäche
Also zerstöre mich mit deinen Küssen,
ich habe nichts mehr zu verlieren

EIN TRAUM IM TRAUM IM ...

Vielleicht
waren wir nur ein ferner Traum
Erschaffen von einem schlaflosen Fremden,
der in einer magiegeküssten Winternacht
durch so viele Welten wandelte
– in Einsamkeit

Unser Schicksal war besiegelt,
als das erste Licht des Tages
seine Augenlider küsste

PERSEPHONE

Die Luft riecht heute Abend so sehr nach Schnee – ein Parfüm aus Winterabschieden und Zimtrauch. Ich lausche der Stille, während mein Atem beim Verlassen meiner Lungen gefriert.

Ich liebe die Vorstellung von Eisblumen auf meinen Lippen.

Ich lächele traurig, während die Erinnerung an ein längst vergessenes Jahrhundert durch meinen Geist flüstert – *mit der Stimme eines Engels, die so süß ist, dass ich mir selbst die Kehle durchschneiden würde, wenn er mich darum bäte.* Ich wünschte, wir könnten zurückkehren und neu beginnen, mein wunderbarer Dämon. Meine verbotene Liebe. Ich würde deine Persephone sein, wenn du es wolltest. Ich würde alles sein – *nur nicht das Tageslicht.* Denn mein Name bedeutet nichts als Dunkelheit, und in deinen Händen funkelt sie wie der schönste Sternenhimmel. Jetzt ist sie nur noch Holzkohle. Ich kann es nicht ertragen, dich noch einen Tag zu vermissen.

Versuchst du, Diamanten zu pressen, indem du mein Herz tötest? Können wir wieder Fremde sein? Lass uns unsere Namen vergessen und durch die Träume wandern, so wie wir es früher getan haben.

3:33 – II

Worauf warte ich?
3 Uhr morgens
Leere Träume,
die deinen Namen flüstern,
in hundert Stimmen,
verzweifelt auf Antworten hoffend

Wohin wandern meine Gedanken?
3 Uhr morgens
Zitternde Hände
Versuche, nicht zu ersticken
an den Albträumen,
die du in meine Lunge gehaucht hast

Wohin gehen meine Träume?
3 Uhr morgens
Wenn ich hellwach bin,
ohne einen Traum,
nur Dunkelheit auf meiner Haut,
näher als du es je warst

Wohin wandert meine Seele?
3 Uhr morgens
Wenn die Tür noch verborgen
und der Schlüssel verloren ist
in deinen Erinnerungen
Ich zerbreche mit jedem Kuss
der einsetzenden Morgenröte

Wohin schwebt mein Herz?
3 Uhr morgens
Gefangen im Traum eines Fremden,
wandernd durch die Ruinen
von verblassenden Worten und Versprechen
Versuchend, die Stücke zusammenzusetzen
Wohl wissend, dass er ein Rätsel ohne Lösung ist

Aber ich bin immer noch hier
3 Uhr morgens
Auf dem Boden, mit blutigen Knien
Ich starre in die Augen eines Dämons,
aber niemand starrt zurück.

2:07

Damals
trafen wir uns zwischen den Welten,
bevor die Tage dich fortnahmen
und mich für dich in einen Geist verwandelten,
der mich in meinen eigenen Albträumen heimsucht

Aber ich kam nie wirklich zurück
von dort, wo du mich verlassen hast
Ich bin immer noch da
in einer anderen Realität

Neben dir sitzend
über den Dächern der Stadt,
die nur in meinen Träumen existiert
Die Welt, die wir geschaffen haben
aus Worten und Versprechen und Magie

Die Sterne von tausend Dimensionen
beobachtend, und ich weiß,
ich werde nach dir suchen
in jedem anderen Leben

Bis die Erinnerung an dich
endlich
bleibt

ABSINTH

Du hattest schon immer eine seltsame Art zu schreiben – warst ein Künstler, der genau wusste, wie man Löcher in Herzen und Fotos in Köpfe brennt. Ich sehe die Bilder so deutlich an mir vorbeirauschen, als wären sie in meine eigenen Erinnerungen eingepflanzt worden. Ich schließe die Augen, höre den Song, in den wir uns beide verliebt haben, und lasse den Zeitraffer durch meinen Kopf laufen.

In dieser Nacht war die Straße kurvenreich und bewegte sich wie eine Schlange. Wir flogen mit der Strömung. Gelbe Linien, Strahlen aus Licht. Welten prallten aufeinander, wir haben uns nie berührt. Die Dunkelheit erblühte in monochromen Schattierungen von Absinth. Unsichtbare Geister, die denselben Film in verschiedenen Zeitlinien sahen – nicht dazu bestimmt, Grenzen zu überschreiten. Die Bäume zeichneten Linien aus surrealen Farben, die die Zeit zerfließen ließen. Harte Kontraste reflektierten die Geister des Waldes. Vorbeirauschende Äste – tanzende Schatten. Ich lauschte der Melodie im Hintergrund, die wie ein verborgenes Versprechen in der Luft lag. Vielleicht wirst du dich nicht an mich erinnern. Und ich fühlte nichts weiter als Asche unter meinen Fingerspitzen, als ich versuchte, dich zu berühren. Aber ich war es, die zu Staub wurde. Du hast mich nie wirklich gesehen.

Mein Liebling, du hast ein schwarzes Loch anstatt eines Herzens – du verschlingst jeden, der dich liebt.

Deine Konturen lösen sich langsam auf ...

... und ich mich mit ihnen.

LEERE ZÜGE

Ich hoffe,
du denkst manchmal an mich
Für ein paar Sekunden,
wenn du in einem leeren Zug sitzt

Sonnenlicht auf deiner Haut,
während du dir Schnee wünschst

Ich hoffe, du lächelst,
ohne zu wissen, warum
Und ich werde auch lächeln
In einer anderen Welt,
mich immer erinnernd.

SILBER

Die Dunkelheit zerbricht.

Und während ich die Sternbilder betrachte, zerbreche ich an der Erinnerung an dich. Der Nachthimmel scheint hinter meinen Tränen in Millionen von silbernen Funken zu explodieren. Ich könnte sie in hundert verschiedenen Farben benennen.

Aber was würde es nützen? Du bist farbenblind, Liebling.

Für dich war ich immer nur das Schwarz zwischen dem Silber.

MAGNOLIAS WIEGENLIED

Der Himmel ist heute
nahezu weiß
Eine Art staubiges Grau
mit einem Hauch von Sonnenlicht,
das sich wehmütig
durch den Nebel kämpft

Schneeflocken fallen
in Zeitlupe
Funkelnde weiße Blütenblätter
küssen rosa Magnolien
mit tödlicher Sanftheit

DER RAUM ZWISCHEN UNS

Es ist, als würden wir die Hände nach einander ausstrecken, aber
etwas hält uns zurück. Wie eine unsichtbare Macht. Wir berühren
uns fast, aber unsere Fingerspitzen fühlen nichts als Luft.
Nah, aber nie zusammen. Ich hätte nie gedacht, dass sich ›fast‹ so
einsam anfühlen und Luft auch erstickend sein kann,
wenn ich sie nicht mit dir teile.

ARTEFAKT

Der Schmerz, den du verursacht hast,
ist irgendwie weg und hinterlässt nichts als
eine sternenlose Leere zwischen meinem Brustkorb

*Oh, was für wunderbare Namen ich all den
verschiedenen Schattierungen von Schwarz geben könnte*

Ich erinnere mich nicht einmal an das Gefühl,
das du in mir ausgelöst hast,
oder wie es war, all diese Geheimnisse
mit einem Fremden zu teilen

*Der mich vergaß, mit jedem Dämon,
den er auf meinen Schultern ablud*

Die einzigen Überreste,
die mich erkennen lassen, dass du existiert hast,
sind ein paar Zitate in meinem Notizbuch
und ein Artefakt, das ich wie einen Dolch trage,
um mich jeden Tag daran zu erinnern,
dass ich dich überlebt habe

Und während ich dies niederschreibe,
fühle ich mich wie ein Schlafwandler,
der den einzigen Traum vergisst,
in dem ich mich jemals wirklich verlieren wollte.

GEIST

Ich durchwandere diese Stadt als Geist.

Ich war noch nie zuvor hier – ein unwillkommener Schlafwandler im Traum eines Fremden. Du hast noch immer den Schlüssel zu dieser Welt, also habe ich keine Ahnung, wie ich hierhergekommen bin. Es ist unglaublich dunkel, nur die Mondsichel schickt ihre kränklichen Strahlen durch die schmalen Lücken der Wolkenkratzer – riesige Ungetüme aus Beton, Glas und Kälte.

Plötzlich

– ein Atemzug –

– ein Blinzeln –

– Traumsekunden später –

Ich steige die rostroten Stufen einer verlassenen Fabrik hinauf, bis ich durch eine nichtexistente Tür trete. Der düstere Neonhimmel begrüßt mich mit einem eisigen Kuss. Ich wünschte, du wärst hier und nichts stünde zwischen uns – nicht einmal Luft zwischen unseren Lippen. Zu nah, um zu atmen.

Aber nah genug, um zu vergessen, dass wir aus verschiedenen Welten kommen.

Meine Schritte hallen unnatürlich laut in der Stille der Nacht wider. Steine, Staub und Metallstücke knirschen unter meinen Stiefelsohlen – zerfallende Relikte vergangener Zeiten. Überbleibsel aus einer intakten Welt. Mondlichtschatten auf dem Betonboden – fließend und kantig zugleich.

– Ein Riss in der Realität –

– Sekundenbruchteile –

– Atemzug –

Als ich die Augen öffne, stehst du vor mir, an der Kante des Daches. Brechender Herzschlag. Du blickst über die Stadt, die mehr dir gehört, als es die Wirklichkeit je tat. Aber nur ich weiß, dass auch du nur ein Besucher in diesem Traum bist.

– Herzklopfen –

– rauschende Erinnerungen –

– Wirbelsturm –

Ich lächele, weil ich weiß, wie dieser Traum endet.

Jedes.

Mal.

Erneut.

Nyctophobia

Ich erinnere mich,
wie du mir sagtest,
du träumst nur
in monochrom

Farben waren nie dein Ding

Also malte ich
deine Nächte
in flüssigem Gold

Aber Licht war nie das,
was du wolltest

Deine Dämonen
gingen in Flammen auf

– und ich mit ihnen.

SPLITTERTRAUM

Vielleicht bin ich
nur ein weiteres Artefakt
in deiner Sammlung von
funkelnden Scherben

Oh, sehe ich in Splittern hübsch genug für dich aus?
Verstaubte Erinnerungen kleben überall an deinen Träumen

Vielleicht öffnest du manchmal
dein Schatzkästchen,
nur um zu sehen, wie mein Blut
auf deinen Fingerspitzen glitzert

Du kannst meinen Namen nicht
von deinen Lippen lecken

Vielleicht werde ich für immer
die Fremde in deinen Träumen sein,
die dir still drei Worte zuflüsterte

– doch du sprachst niemals meine Sprache.

ENTWIRREN

Ich zerbreche unsere Verbindung und schneide mich Hunderte
Male an den rostigen Drähten deiner Versprechen. Ich entwirre
Traum für Traum mit blutigen Fingerspitzen. Faden für Faden löse
ich deine Worte, auch wenn ich mich mit jedem Buchstaben mehr
verliere. Knoten für Knoten entwirre ich unser Schicksal, bis wir
wieder genau zu dem werden, als was wir begonnen haben

— *Fremde.*

Metamorphose

Ich vermisse die Zeit, in der die Nächte nur uns gehörten und die Realität durch die Kraft unserer Gedanken zu etwas neuem verschmolz.

Ich vermisse, wie all deine Worte zu einer silbernen Flüssigkeit verschmolzen und mein Herz in Mondlichtschimmer hüllten. Ich vermisse, wie es sich anfühlte, als sich unsere Geheimnisse verwoben und zu einem so starken Band wurden, dass ich nach all dieser Zeit immer noch die Reste der rostigen Fäden spüre, die an meinem Herzen zupfen. Ich vermisse die Art und Weise, wie du mich mit einer so vertrauten Klarheit verstanden hast, als ob ich aus Kristall wäre – den du nie wirklich berührt hast, weil du zu viel Angst hattest, dass deine eigene Wahrheit zerbrechen würde. Ich vermisse die Sterne, die meinen Namen rufen, und wie es sich anfühlte, die Magie in jedem deiner Worte zu spüren. Und jetzt frage ich mich – *gebrochen wie nie zuvor* –, ob ich die Einzige bin, die sich noch daran erinnert.

PERSEIDEN

Heute Nacht fallen die Sterne – *glühende Funken auf Holzkohle.* Meine Erinnerung ertrinkt in honigsüßer Nostalgie, als ich an die Perseiden im letzten Jahr denke. *Damals wurden hellleuchtende Versprechen gegeben.* Jetzt klebt die Asche der verbrannten Wünsche an meinen Händen – sickert unter meine Haut und lässt sich nicht mehr abkratzen.

Bittersüße Nostalgie überwältigt mich.

Ich schließe meine Augen. Sommernächte – wir haben stundenlang geredet.

Ich sehe das Bild deiner Dämonen so deutlich vor mir, als könnte ich sie mit meinen Fingerspitzen berühren. Die erste Sternschnuppe fiel, und du hast mir gleichzeitig ihren Namen verraten.

Das Erste, was ich mir wünschte, war, dass du stark genug sein würdest, um sie zu besiegen.

Jede Sternschnuppe – derselbe Wunsch.

Ich lächele, weil ich weiß, wie es endete.

Ich hatte nur einen einzigen Wunsch für mich selbst. Aber ich habe ihn immer geheim gehalten, mein Traumwandler.

Das tue ich noch immer.

Bis du mich eines Tages vielleicht danach fragst.

NACHTSCHATTENTRÄUME

Ich suche dich nicht länger in den Schatten
Dein Name verblasst in der sternlosen Nacht
Deine Abwesenheit hat meine Seele gefärbt
Tintenschwarzer Umhang aus Samt, der über mir wacht

Ich forme nicht länger deinen Namen mit meiner Zunge
Meine Seele schweigt und ist still
Ich atme deine Erinnerung durch meine Lunge,
doch die Leere, die bleibt, ist nicht, was ich will

Die Magie ist nur ein verblassender Funke,
nichts weiter als erlöschende Glut
Ich möchte nicht länger an dich glauben
und so schweige ich dich tot.

MELODIE

Ich höre dich noch immer flüstern, auch wenn es schon ein Jahr her ist, seit ich zuletzt deine Stimme hörte. Und ich frage mich, wie der Geist eines Menschen so lange in den leeren Hallen meines Herzens verweilen kann, ohne wirklich da zu sein. Du bist ein Echo, das sich an jeder hinterlassenen Erinnerung bricht. Du hast dich in meine Seele eingeprägt wie Noten auf einer Spieluhr. *Du spielst weiter – schlägst kratzende Furchen in meine Erinnerung.*

Vielleicht kann ich selbst in zehn Jahren deine Melodie hören *– ein bisschen leiser, ein bisschen gebrochener, aber dieselbe tiefe Liebe in mir auslösend.*

VERMISSMEINNICHT

Der Mond
strahlt heute
Regenbögen
durch das
Wolkenmeer

Wie bizarr
Tragik mit Farben
zu verbinden

Hoffnungslosigkeit
war nie schöner
anzusehen

Lass uns
deine Lügen
mit Buntstiften
bemalen

Deine
Vergissmeinnicht
waren niemals blau

Und ich
war immer nur
dein farblosester
Traum

DANKSAGUNG

Es gibt nichts mehr, was ich dir noch sagen könnte.
Du warst und bist die Inspiration, an der ich zerbreche.

Über die Autorin

Melanie Strohmaier liebt eiskalte Winternächte genauso wie endlose Sommer und Sternenhimmel. Sie hat immer versucht, Worte für die Sehnsucht in ihrem Herzen zu finden. Nun sind ihre Gedichtbände das Ergebnis unzähliger Tagträume und schlafloser Nächte. Vielleicht hat sie gefunden, wonach sie gesucht hat, konnte es jedoch nicht festhalten.

Veröffentlichungen:

Hannahs Traum (2019) - Selfpublishing
Der Traumwandler - Arkanas Ruf (2020) SadWolf Verlag
Awake In Your Dream - 333 (2020) - Selfpublishing
Der Traumwandler II - Der Fall des Monsters (2021) - SadWolf Verlag
I Still Remember The Names Of Your Demons (2021) - Selfpublishing

belladonnasdream.com
www.instagram.com/melaniestrohmaier.autorin
e-mail: melanie@strohmaier.com.de

NACHWORT

Manche Gefühle kann man nicht mit Worten auszudrücken.

Die Fotografie ist für mich wie Geschichten schreiben – nur visuell. Bilder können das geschriebene Wort unterstreichen und verstärken. Aus diesem Grund habe ich mich dazu entschlossen, in diesem Buch Lyrik mit Fotografie zu kombinieren.

Ich hoffe, euch so noch intensiver in meine Traumwelt abtauchen lassen zu können.

Dein Echo hallt durch meine Träume …

… und ich singe zur Melodie deiner Erinnerung.

333